Mein Referendariatsplaner

Telefon

Mobil

E-Mail

Name

Straße

Ort

Schule

Schuladresse

E-Mail Schule

Telefon Schule

Personalnummer

Seminar

E-Mail Seminar

Fachleiter/Mentor

Inhalt

Einleitung

Ihr Lieben,

wir freuen uns sehr darüber, dass du dich für diesen Planer entschieden hast! Wir haben ihn extra für Referendarinnen und Referendare entwickelt. Und wir sind sehr gespannt, ob er dir so gut gefällt wie uns.

Wir wollten einen Planer entwickeln, der deine Ansprüche in dieser intensiven und herausfordernden Zeit erfüllt, deshalb haben wir auf jedes Detail geachtet und viele Besonderheiten eingebaut. So findest du viele aufmunternde Sprüche und hilfreiche Seiten, die du für dein Referendariat brauchen kannst.

Außerdem haben wir QR-Codes eingebaut, die Blogartikel öffnen, in denen du dich über zahlreiche wichtige Bereiche des Referendariats informieren kannst. Der erste QR-Code führt dich in weitere Besonderheiten des Planers ein.

Dieser Referendariatsplaner soll mehr sein als ein einfacher Kalender, vielmehr ein Begleiter, der dich bei der persönlichen Planung und darüber hinaus unterstützt. Ich hoffe, dass er dir hilft, stets den Überblick zu bewahren und wünsche dir eine spannende und lehrreiche Zeit.

Dein Bob Blume, Lehrer, Blogger & Autor

Anmerkungen zum Referendariats-planer:

Die Blogartikel im Wochenplaner

Da das Referendariat unterschiedlich lang ist und zu unterschiedlichen Zeiten beginnt, könnte es sein, dass nicht alle Blogartikel an der für dich richtigen Stelle sind. Blättere einfach mal durch den Planer und lass dich überraschen.

Die Blogartikel sind, so gut es geht, allgemeingültig gehalten. Dennoch solltest du immer bei deinem Fachleiter oder Mentor nachfragen, wenn du dir unsicher bist. Dies gilt auch für die verwendeten Begriffe, die das Referendariat betreffen. Die hier verwendeten Begriffe sind die geläufigsten und eben jene, mit denen die meisten Fachseminare arbeiten oder etwas anfangen können. Wenn du dir mal nicht sicher bist, frag im Seminar oder beim Autor nach (Twitter: @blume_bob, E-Mail: info@bobblume.de)

Impressum

Mein Referendariatsplaner
Autor: Bob Blume
Gestaltung: Graph & Glyphe, Offenburg

PERSEN

©2019 Persen Verlag, Hamburg
AAP Lehrerfachverlage GmbH

Notizen

Stundenpläne

Stundenpläne

Stunde		Montag	Dienstag	Mittwoch	Donnerstag	Freitag	Samstag
1	Fach:						
Beginn:	Klasse:						
	Raum:						
2	Fach:						
Beginn:	Klasse:						
	Raum:						
Pause							
3	Fach:						
Beginn:	Klasse:						
	Raum:						
4	Fach:						
Beginn:	Klasse:						
	Raum:						
Pause							
5	Fach:						
Beginn:	Klasse:						
	Raum:						
6	Fach:						
Beginn:	Klasse:						
	Raum:						
Pause							
7	Fach:						
Beginn:	Klasse:						
	Raum:						
8	Fach:						
Beginn:	Klasse:						
	Raum:						
9	Fach:						
Beginn:	Klasse:						
	Raum:						
10	Fach:						
Beginn:	Klasse:						
	Raum:						

Anmerkungen: ____________________

Stundenpläne

Stunde		Montag	Dienstag	Mittwoch	Donnerstag	Freitag	Samstag
1	Fach:						
Beginn:	Klasse:						
	Raum:						
2	Fach:						
Beginn:	Klasse:						
	Raum:						
Pause							
3	Fach:						
Beginn:	Klasse:						
	Raum:						
4	Fach:						
Beginn:	Klasse:						
	Raum:						
Pause							
5	Fach:						
Beginn:	Klasse:						
	Raum:						
6	Fach:						
Beginn:	Klasse:						
	Raum:						
Pause							
7	Fach:						
Beginn:	Klasse:						
	Raum:						
8	Fach:						
Beginn:	Klasse:						
	Raum:						
9	Fach:						
Beginn:	Klasse:						
	Raum:						
10	Fach:						
Beginn:	Klasse:						
	Raum:						

Anmerkungen: ______________________________

____

Checkliste und Anmerkungen zum Schuljahresbeginn:

Monatskalender

Monatskalender

		Wichtig
1		
2		
3		
4		
5		
6		
7		
8		
9		
10		
11		
12		
13		
14		
15		
16		
17		
18		
19		
20		
21		
22		
23		
24		
25		
26		
27		
28		
29		
30		
31		

1	
2	
3	
4	
5	
6	
7	
8	
9	
10	
11	
12	
13	
14	
15	
16	
17	
18	
19	
20	
21	
22	
23	
24	
25	
26	
27	
28	
29	
30	
31	

Monatskalender

Wichtig

		Wichtig
1		
2		
3		
4		
5		
6		
7		
8		
9		
10		
11		
12		
13		
14		
15		
16		
17		
18		
19		
20		
21		
22		
23		
24		
25		
26		
27		
28		
29		
30		
31		

Was brauchen Referendare?

Monatskalender

	Wichtig
1	
2	
3	
4	
5	
6	
7	
8	
9	
10	
11	
12	
13	
14	
15	
16	
17	
18	
19	
20	
21	
22	
23	
24	
25	
26	
27	
28	
29	
30	
31	

1	
2	
3	
4	
5	
6	
7	
8	
9	
10	
11	
12	
13	
14	
15	
16	
17	
18	
19	
20	
21	
22	
23	
24	
25	
26	
27	
28	
29	
30	
31	

Monatskalender

Wichtig

		Wichtig
1		
2		
3		
4		
5		
6		
7		
8		
9		
10		
11		
12		
13		
14		
15		
16		
17		
18		
19		
20		
21		
22		
23		
24		
25		
26		
27		
28		
29		
30		
31		

Monatskalender

		Wichtig
1		
2		
3		
4		
5		
6		
7		
8		
9		
10		
11		
12		
13		
14		
15		
16		
17		
18		
19		
20		
21		
22		
23		
24		
25		
26		
27		
28		
29		
30		
31		

1	
2	
3	
4	
5	
6	
7	
8	
9	
10	
11	
12	
13	
14	
15	
16	
17	
18	
19	
20	
21	
22	
23	
24	
25	
26	
27	
28	
29	
30	
31	

Monatskalender

Wichtig

		Wichtig
1		
2		
3		
4		
5		
6		
7		
8		
9		
10		
11		
12		
13		
14		
15		
16		
17		
18		
19		
20		
21		
22		
23		
24		
25		
26		
27		
28		
29		
30		
31		

Monatskalender

		Wichtig
1		
2		
3		
4		
5		
6		
7		
8		
9		
10		
11		
12		
13		
14		
15		
16		
17		
18		
19		
20		
21		
22		
23		
24		
25		
26		
27		
28		
29		
30		
31		

1	
2	
3	
4	
5	
6	
7	
8	
9	
10	
11	
12	
13	
14	
15	
16	
17	
18	
19	
20	
21	
22	
23	
24	
25	
26	
27	
28	
29	
30	
31	

Monatskalender

Wichtig

		Wichtig
1		
2		
3		
4		
5		
6		
7		
8		
9		
10		
11		
12		
13		
14		
15		
16		
17		
18		
19		
20		
21		
22		
23		
24		
25		
26		
27		
28		
29		
30		
31		

Monatskalender

Monatskalender

		Wichtig
1		
2		
3		
4		
5		
6		
7		
8		
9		
10		
11		
12		
13		
14		
15		
16		
17		
18		
19		
20		
21		
22		
23		
24		
25		
26		
27		
28		
29		
30		
31		

1	
2	
3	
4	
5	
6	
7	
8	
9	
10	
11	
12	
13	
14	
15	
16	
17	
18	
19	
20	
21	
22	
23	
24	
25	
26	
27	
28	
29	
30	
31	

Monatskalender

Wichtig

		Wichtig
1		
2		
3		
4		
5		
6		
7		
8		
9		
10		
11		
12		
13		
14		
15		
16		
17		
18		
19		
20		
21		
22		
23		
24		
25		
26		
27		
28		
29		
30		
31		

Monatskalender

	Wichtig
1	
2	
3	
4	
5	
6	
7	
8	
9	
10	
11	
12	
13	
14	
15	
16	
17	
18	
19	
20	
21	
22	
23	
24	
25	
26	
27	
28	
29	
30	
31	

1	
2	
3	
4	
5	
6	
7	
8	
9	
10	
11	
12	
13	
14	
15	
16	
17	
18	
19	
20	
21	
22	
23	
24	
25	
26	
27	
28	
29	
30	
31	

Monatskalender

Wichtig

		Wichtig
1		
2		
3		
4		
5		
6		
7		
8		
9		
10		
11		
12		
13		
14		
15		
16		
17		
18		
19		
20		
21		
22		
23		
24		
25		
26		
27		
28		
29		
30		
31		

Feiertage

Feiertage	Datum

Wichtige Termine	Datum

Wichtige Termine	Datum

Ferien

Ferientermine	Datum

Ferientermine	Datum

To-do-Listen

Ordnungssysteme für Referendare:

To-do-Listen

To-do-Listen

To-do-Listen

Unterrichtsbesuche

1

Lerngruppe .... Datum ....

Fachleiter ....

Thema ....

2

Lerngruppe .... Datum ....

Fachleiter ....

Thema ....

3

Lerngruppe .... Datum ....

Fachleiter ....

Thema ....

4

Lerngruppe .... Datum ....

Fachleiter ....

Thema ....

5

Lerngruppe .... Datum ....

Fachleiter ....

Thema ....

6

Lerngruppe .... Datum ....

Fachleiter ....

Thema ....

7

Lerngruppe .... Datum ....

Fachleiter ....

Thema ....

Unterrichtsbesuche

8

Lerngruppe Datum

Fachleiter

Thema

Eine Unterrichtsstunde planen:

9

Lerngruppe Datum

Fachleiter

Thema

10

Lerngruppe Datum

Fachleiter

Thema

11

Lerngruppe Datum

Fachleiter

Thema

12

Lerngruppe Datum

Fachleiter

Thema

13

Lerngruppe Datum

Fachleiter

Thema

14

Lerngruppe Datum

Fachleiter

Thema

Unterrichtsbesuche

15

Lerngruppe .... Datum ....

Fachleiter ....

Thema ....

16

Lerngruppe .... Datum ....

Fachleiter ....

Thema ....

17

Lerngruppe .... Datum ....

Fachleiter ....

Thema ....

18

Lerngruppe .... Datum ....

Fachleiter ....

Thema ....

19

Lerngruppe .... Datum ....

Fachleiter ....

Thema ....

20

Lerngruppe .... Datum ....

Fachleiter ....

Thema ....

21

Lerngruppe .... Datum ....

Fachleiter ....

Thema ....

Unterrichtsbesuche

22

Lerngruppe

Datum

Fachleiter

Thema

23

Lerngruppe

Datum

Fachleiter

Thema

24

Lerngruppe

Datum

Fachleiter

Thema

25

Lerngruppe

Datum

Fachleiter

Thema

26

Lerngruppe

Datum

Fachleiter

Thema

27

Lerngruppe

Datum

Fachleiter

Thema

28

Lerngruppe

Datum

Fachleiter

Thema

Seminartermine

Die sieben Todsünden im Referendariat:

Seminartermine

Hospitationen

Klasse	Thema/Fach	Datum	Beobachtungsschwerpunkt

Anmerkungen:

Hospitationen

Klasse	Thema/Fach	Datum	Beobachtungsschwerpunkt

Anmerkungen: ____________________

____

Richtig hospitieren:

Hospitationen

Hospitationen

Klasse	Thema/Fach	Datum	Beobachtungsschwerpunkt

Anmerkungen:

Hospitationen

Klasse	Thema/Fach	Datum	Beobachtungsschwerpunkt

Anmerkungen:

Ideen für Unterrichtseinheiten

Zeit/Datum	Stundenthema	Ideen	Material

Zeit/Datum	Stundenthema	Ideen	Material

Zeit/Datum	Stundenthema	Ideen	Material

Ideen für Unterrichtseinheiten

Eine Unterrichtseinheit konzipieren:

Stundenthema	Ideen	Material

Zeit/Datum

Stundenthema	Ideen	Material

Zeit/Datum

Stundenthema	Ideen	Material

Zeit/Datum

Wochenplaner

Fokus der **1.** Woche

Unterrichtseinstiege:

Montag Datum

Dienstag Datum

Mittwoch Datum

Wochenplaner

Donnerstag Datum

Freitag Datum

Samstag Datum

Sonntag Datum

Wochenplaner

Fokus der 2. Woche 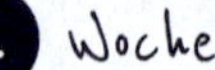

Stell dir vor,
wie es ist,
wenn du fertig bist.
Und nun ran an
die Zettelwirtschaft!

Montag Datum ____________________

Dienstag Datum ____________________

Mittwoch Datum ____________________

Wochenplaner

Donnerstag Datum

Freitag Datum

Samstag Datum

Sonntag Datum

Wochenplaner

Fokus der 3. Woche

Die besten Apps für Referendare:

Montag Datum

Dienstag Datum

Mittwoch Datum

Wochenplaner

Donnerstag Datum

Freitag Datum

Samstag Datum

Sonntag Datum

Wochenplaner

Fokus der 4. Woche

Es geht um die Schüler. Wenn du sie ernst nimmst, nehmen sie dich für voll.

Montag Datum

Dienstag Datum

Mittwoch Datum

Wochenplaner

Donnerstag Datum

Freitag Datum

Samstag Datum

Sonntag Datum

Wochenplaner

Wochenplaner

Fokus der 5. Woche

Auch wenn man eins nach dem anderen macht, wird der Berg kleiner.

Montag Datum

Dienstag Datum

Mittwoch Datum

Wochenplaner

Donnerstag Datum ____________

Freitag Datum ____________

Samstag Datum ____________

Sonntag Datum ____________

Wochenplaner

Fokus der **6.** Woche

Stundenverlaufspläne:

Montag Datum

Dienstag Datum

Mittwoch Datum

Wochenplaner

Donnerstag Datum

Freitag Datum

Samstag Datum

Sonntag Datum

Wochenplaner

Fokus der 7. Woche

Man muss nicht perfekt sein. Wenn man sich wohlfühlt, geht alles besser.

Montag Datum

Dienstag Datum

Mittwoch Datum

Wochenplaner

Donnerstag Datum

Freitag Datum

Samstag Datum

Sonntag Datum

Wochenplaner

Fokus der 8. Woche

Pausen sind das Fundament dafür, fokussiert zu arbeiten.

Montag Datum

Dienstag Datum

Mittwoch Datum

Wochenplaner

Donnerstag Datum

Freitag Datum

Samstag Datum

Sonntag Datum

Wochenplaner

Fokus der 9. Woche

Eine kurze Anmerkung zu Gelenkstellen:

Montag Datum

Dienstag Datum

Mittwoch Datum

Wochenplaner

Donnerstag Datum

Freitag Datum

Samstag Datum

Sonntag Datum

Wochenplaner

Fokus der 10. Woche

Eine misslungene Stunde ist eine wunderbare Chance zu lernen.

Montag Datum

Dienstag Datum

Mittwoch Datum

Wochenplaner

Donnerstag Datum

Freitag Datum

Samstag Datum

Sonntag Datum

Wochenplaner

Fokus der **11.** Woche

Auch als angehender Lehrer macht man Fehler. Das ist in Ordnung. Wirklich.

Montag Datum ____________________

Dienstag Datum ____________________

Mittwoch Datum ____________________

Wochenplaner

Donnerstag Datum

Freitag Datum

Samstag Datum

Sonntag Datum

Wochenplaner

Fokus der 12. Woche

Eine Sachanalyse schreiben:

Montag Datum

Dienstag Datum

Mittwoch Datum

Wochenplaner

Donnerstag Datum

Freitag Datum

Samstag Datum

Sonntag Datum

Wochenplaner

Fokus der 13. Woche

Sei du selbst, auch wenn es mal schwerfällt.

Montag Datum

Dienstag Datum

Mittwoch Datum

Wochenplaner

Donnerstag Datum

Freitag Datum

Samstag Datum

Sonntag Datum

Wochenplaner

Fokus der **14.** Woche

Erlaube dir Fehler. Sie sind das Fundament für deine Entwicklung.

Montag Datum

Dienstag Datum

Mittwoch Datum

Wochenplaner

Donnerstag Datum

Freitag Datum

Samstag Datum

Sonntag Datum

Wochenplaner

Fokus der 15. Woche

Schlecht unterrichten können:

Montag Datum

Dienstag Datum

Mittwoch Datum

Wochenplaner

Donnerstag Datum

Freitag Datum

Samstag Datum

Sonntag Datum

Wochenplaner

Fokus der 16. Woche

Es gibt keine Perfektion. Es gibt nur kleine Schritte in die richtige Richtung.

Montag Datum

Dienstag Datum

Mittwoch Datum

Wochenplaner

Donnerstag Datum

Freitag Datum

Samstag Datum

Sonntag Datum

Wochenplaner

Fokus der **17.** Woche

Kritik und Reflexionsgespräche:

Montag Datum

Dienstag Datum

Mittwoch Datum

Wochenplaner

Donnerstag Datum

Freitag Datum

Samstag Datum

Sonntag Datum

Wochenplaner

Fokus der 18. Woche

Sei offen und wertschätzend und du wirst jene finden, die dies auch dir gegenüber sind.

Montag Datum

Dienstag Datum

Mittwoch Datum

Wochenplaner

Donnerstag Datum

Freitag Datum

Samstag Datum

Sonntag Datum

Wochenplaner

Fokus der 19. Woche

Mach mal was anderes. In Momenten, in denen du nicht damit rechnest, kommt der Einfall.

Montag Datum

Dienstag Datum

Mittwoch Datum

Wochenplaner

Donnerstag Datum

Freitag Datum

Samstag Datum

Sonntag Datum

Wochenplaner

Fokus der 20. Woche

No-Gos in der Lehrprobe:

Montag Datum

Dienstag Datum

Mittwoch Datum

Wochenplaner

Donnerstag Datum

Freitag Datum

Samstag Datum

Sonntag Datum

Wochenplaner

Fokus der 21. Woche

Probiere dich aus. Es geht nicht darum, am Anfang ein Meister zu sein.

Montag Datum

Dienstag Datum

Mittwoch Datum

Wochenplaner

Donnerstag Datum

Freitag Datum

Samstag Datum

Sonntag Datum

Wochenplaner

Fokus der 22. Woche

Denk dran:
Jeder Weg führt
zu einem Ziel.
Sei er noch so lang.

Montag Datum

Dienstag Datum

Mittwoch Datum

Wochenplaner

Donnerstag Datum

Freitag Datum

Samstag Datum

Sonntag Datum

Wochenplaner

Fokus der 23. Woche

Die perfekte Lehrprobe:

Montag Datum

Dienstag Datum

Mittwoch Datum

Wochenplaner

Donnerstag Datum ______________________

Freitag Datum ______________________

Samstag Datum ______________________

Sonntag Datum ______________________

Wochenplaner

Fokus der 24. Woche

Freu dich auf die Schüler und sie freuen sich mit dir.

Montag Datum

Dienstag Datum

Mittwoch Datum

Wochenplaner

Donnerstag Datum

Freitag Datum

Samstag Datum

Sonntag Datum

Wochenplaner

Fokus der 25. Woche

Nicht jede Stunde muss die Bildung neu erfinden. Weniger ist oft mehr.

Montag Datum

Dienstag Datum

Mittwoch Datum

Wochenplaner

Donnerstag Datum

Freitag Datum

Samstag Datum

Sonntag Datum

Wochenplaner

Fokus der 26. Woche

Fünf Irrtümer über das Referendariat:

Montag Datum

Dienstag Datum

Mittwoch Datum

Wochenplaner

Donnerstag Datum

Freitag Datum

Samstag Datum

Sonntag Datum

Wochenplaner

Wochenplaner

Fokus der 27. Woche

Halte dich nicht mit Grübeln auf. Manchmal muss man einfach machen.

Montag Datum

Dienstag Datum

Mittwoch Datum

Wochenplaner

Donnerstag Datum

Freitag Datum

Samstag Datum

Sonntag Datum

Wochenplaner

Fokus der 28. Woche

Nur wer nichts macht, macht auch keine Fehler.

Montag Datum

Dienstag Datum

Mittwoch Datum

Wochenplaner

Donnerstag Datum

Freitag Datum

Samstag Datum

Sonntag Datum

Wochenplaner

Wochenplaner

Fokus der 29. Woche

Angst im Referendariat:

Montag Datum

Dienstag Datum

Mittwoch Datum

Wochenplaner

Wochenplaner

Donnerstag Datum

Freitag Datum

Samstag Datum

Sonntag Datum

Wochenplaner

Fokus der 30. Woche

Nachdenken ist hilfreich. Im Nachdenken zu versinken nicht. Dann lieber spazieren gehen.

Montag Datum

Dienstag Datum

Mittwoch Datum

Wochenplaner

Donnerstag Datum

Freitag Datum

Samstag Datum

Sonntag Datum

Wochenplaner

Fokus der 31. Woche

Diese Charaktereigenschaften braucht jede*r Referendar*in:

Montag Datum

Dienstag Datum

Mittwoch Datum

Wochenplaner

Donnerstag Datum

Freitag Datum

Samstag Datum

Sonntag Datum

Wochenplaner

Fokus der **32.** Woche

Die schönsten Momente werden oft von einem selbst auferlegten Schatten verdeckt. Weg damit!

Montag Datum

Dienstag Datum

Mittwoch Datum

Wochenplaner

Donnerstag Datum

Freitag Datum

Samstag Datum

Sonntag Datum

Wochenplaner

Fokus der 33. Woche

Der Glaube daran,
was man
leisten kann,
ist ein Teil dessen,
was man zu leisten
imstande ist.

Montag Datum

Dienstag Datum

Mittwoch Datum

Wochenplaner

Donnerstag Datum

Freitag Datum

Samstag Datum

Sonntag Datum

Wochenplaner

Fokus der 34. Woche

Zeiten und Begriffe des Referendariats:

Montag Datum

Dienstag Datum

Mittwoch Datum

Wochenplaner

Donnerstag Datum

Freitag Datum

Samstag Datum

Sonntag Datum

Wochenplaner

Fokus der 35. Woche

Verzeih dir selbst, wenn etwas schiefläuft. Und lobe dich ausführlich, wenn es gelingt.

Montag Datum

Dienstag Datum

Mittwoch Datum

Wochenplaner

Donnerstag Datum

Freitag Datum

Samstag Datum

Sonntag Datum

Wochenplaner

Fokus der **36.** Woche

Hilf anderen, wenn sie nicht weiterwissen. Sie werden dasselbe für dich tun.

Montag Datum

Dienstag Datum

Mittwoch Datum

Wochenplaner

Donnerstag Datum

Freitag Datum

Samstag Datum

Sonntag Datum

Wochenplaner

Fokus der 37. Woche

Völlig ernst gemeinte Überlebenstricks zum Referendariat:

Montag Datum

Dienstag Datum

Mittwoch Datum

Wochenplaner

Donnerstag Datum

Freitag Datum

Samstag Datum

Sonntag Datum

Wochenplaner

Fokus der 38. Woche

Nicht jeder Tag ist wundervoll. Aber manchmal verstecken sich die Wunder auch nur.

Montag Datum

Dienstag Datum

Mittwoch Datum

Wochenplaner

Donnerstag Datum

Freitag Datum

Samstag Datum

Sonntag Datum

Wochenplaner

Fokus der 39. Woche

Es ist viel.
Aber gib dir
ein wenig Zeit.

Montag Datum

Dienstag Datum

Mittwoch Datum

Wochenplaner

Donnerstag Datum ________________

Freitag Datum ________________

Samstag Datum ________________

Sonntag Datum ________________

Wochenplaner

Fokus der 40. Woche

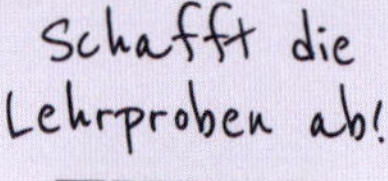

Montag Datum

Dienstag Datum

Mittwoch Datum

Wochenplaner

Donnerstag Datum

Freitag Datum

Samstag Datum

Sonntag Datum

Wochenplaner

Fokus der 41. Woche

Je mehr du einträgst, desto weniger hast du im Kopf. Nutz das.

Montag Datum

Dienstag Datum

Mittwoch Datum

Wochenplaner

Donnerstag Datum

Freitag Datum

Samstag Datum

Sonntag Datum

Wochenplaner

Fokus der 42. Woche

Dein Unterricht ist wichtig. Aber am wichtigsten sind die Schüler.

Montag Datum

Dienstag Datum

Mittwoch Datum

Wochenplaner

Donnerstag Datum

Freitag Datum

Samstag Datum

Sonntag Datum

Wochenplaner

Fokus der 43. Woche

Nur so gelingen Unterrichtsstunden:

Montag Datum

Dienstag Datum

Mittwoch Datum

Wochenplaner

Wochenplaner

Donnerstag Datum

Freitag Datum

Samstag Datum

Sonntag Datum

Wochenplaner

Fokus der 44. Woche

Nicht jeder Tag bringt die geniale Idee. Und das ist auch in Ordnung so.

Montag Datum

Dienstag Datum

Mittwoch Datum

Wochenplaner

Donnerstag Datum

Freitag Datum

Samstag Datum

Sonntag Datum

Wochenplaner

Fokus der 45. Woche

„Nein, heute kann ich leider gar nicht."

Montag Datum

Dienstag Datum

Mittwoch Datum

Wochenplaner

Donnerstag Datum

Freitag Datum

Samstag Datum

Sonntag Datum

Wochenplaner

Fokus der 46. Woche

Du hast schon viel geschafft. Sei stolz darauf!

Montag Datum

Dienstag Datum

Mittwoch Datum

Wochenplaner

Donnerstag Datum

Freitag Datum

Sonntag Datum

Wochenplaner

Fokus der **47.** Woche

Es ist in Ordnung, mal nicht weiterzuwissen. Es kommen andere Tage.

Montag Datum

Dienstag Datum

Mittwoch Datum

Wochenplaner

Donnerstag Datum

Freitag Datum

Samstag Datum

Sonntag Datum

Wochenplaner

Fokus der 48. Woche

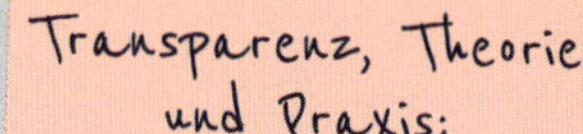

Transparenz, Theorie und Praxis:

Montag Datum

Dienstag Datum

Mittwoch Datum

Wochenplaner

Wochenplaner

Donnerstag Datum

Freitag Datum

Samstag Datum

Sonntag Datum

Wochenplaner

Fokus der 49. Woche

Bewege dich!
Nur sitzen und
denken kann zu
Sackgassen führen.

Montag Datum

Dienstag Datum

Mittwoch Datum

Wochenplaner

Donnerstag Datum

Freitag Datum

Samstag Datum

Sonntag Datum

Wochenplaner

Fokus der 50. Woche

Denk daran,
auch das Positive
zu sehen.
Schreib es auf
und erzähle davon.

Montag Datum

Dienstag Datum

Mittwoch Datum

Wochenplaner

Donnerstag Datum

Freitag Datum

Samstag Datum

Sonntag Datum

Wochenplaner

Fokus der 51. Woche

Ein wunderbarer Moment im Referendariat:

Montag Datum

Dienstag Datum

Mittwoch Datum

Wochenplaner

Donnerstag Datum

Freitag Datum

Samstag Datum

Sonntag Datum

Wochenplaner

Wochenplaner

Fokus der 52. Woche

Jeder Schritt ist ein Schritt in die richtige Richtung. Mag er noch so klein erscheinen.

Montag Datum ____________________

Dienstag Datum ____________________

Mittwoch Datum ____________________

Wochenplaner

Donnerstag Datum

Freitag Datum

Samstag Datum

Sonntag Datum

Wochenplaner

Fokus der 53. Woche

Mach mal was, was mit Schule nichts zu tun hat. Dann wird der Kopf wieder frei.

Montag Datum ______

Dienstag Datum ______

Mittwoch Datum ______

Wochenplaner

Donnerstag Datum

Freitag Datum

Samstag Datum

Sonntag Datum

Wochenplaner

Fokus der 54. Woche

„Eine sehr lebendige Klasse":

Montag Datum

Dienstag Datum

Mittwoch Datum

Wochenplaner

Donnerstag Datum

Freitag Datum

Samstag Datum

Sonntag Datum

Wochenplaner

Fokus der 55. Woche

Sprich mit Menschen, die dich verstehen. Und die nichts mit Schule zu tun haben. Die helfen oft am meisten.

Montag Datum

Dienstag Datum

Mittwoch Datum

Wochenplaner

Donnerstag Datum

Freitag Datum

Samstag Datum

Sonntag Datum

Wochenplaner

Fokus der 56. Woche

Versuche auch, die Zeit zu genießen, in der du merkst, wie schön dieser Beruf ist.

Montag Datum

Dienstag Datum

Mittwoch Datum

Wochenplaner

Donnerstag Datum

Freitag Datum

Samstag Datum

Sonntag Datum

Wochenplaner

Fokus der 57. Woche

Anmerkungen zu differenziertem Unterricht:

Montag Datum

Dienstag Datum

Mittwoch Datum

Wochenplaner

Donnerstag Datum ___

Freitag Datum ___

Samstag Datum ___

Sonntag Datum ___

Wochenplaner

Fokus der 58. Woche

Auch wenn Kritik wichtig ist: Geh deinen eigenen Weg.

Montag Datum

Dienstag Datum

Mittwoch Datum

Wochenplaner

Donnerstag Datum

Freitag Datum

Samstag Datum

Sonntag Datum

Wochenplaner

Fokus der 59. Woche

Geh auch mal raus. Frische Luft um die Nase fördert das Denken.

Montag Datum

Dienstag Datum

Mittwoch Datum

Wochenplaner

Donnerstag Datum

Freitag Datum

Samstag Datum

Sonntag Datum

Wochenplaner

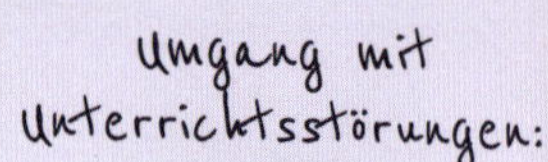

Montag Datum ____________________

Dienstag Datum ____________________

Mittwoch Datum ____________________

Wochenplaner

Wochenplaner

Donnerstag Datum

Freitag Datum

Samstag Datum

Sonntag Datum

Wochenplaner

Fokus der 61. Woche

Wenn du Luft hast: Genieße, was du erreicht hast. Du darfst dich auch mal selbst loben.

Montag Datum

Dienstag Datum

Mittwoch Datum

Wochenplaner

Donnerstag Datum

Freitag Datum

Samstag Datum

Sonntag Datum

Wochenplaner

Fokus der 62. Woche

Das erste Jahr als Lehrer*in:

Montag Datum

Dienstag Datum

Mittwoch Datum

Wochenplaner

Wochenplaner

Donnerstag Datum

Freitag Datum

Samstag Datum

Sonntag Datum

Klassenliste

Klasse ....

	Name	Adresse	Telefonnummer/E-Mail
1.			
2.			
3.			
4.			
5.			
6.			
7.			
8.			
9.			
10.			
11.			
12.			
13.			
14.			
15.			
16.			
17.			
18.			
19.			
20.			
21.			
22.			
23.			
24.			
25.			
26.			
27.			
28.			
29.			
30.			
31.			
32.			
33.			
34.			
35.			

Sitzpläne

Klasse ....

Klasse ....

Notenlisten

Klasse ....

	Name												
1.													
2.													
3.													
4.													
5.													
6.													
7.													
8.													
9.													
10.													
11.													
12.													
13.													
14.													
15.													
16.													
17.													
18.													
19.													
20.													
21.													
22.													
23.													
24.													
25.													
26.													
27.													
28.													
29.													
30.													
31.													
32.													
33.													
34.													
35.													

Notenlisten

																	1.
																	2.
																	3.
																	4.
																	5.
																	6.
																	7.
																	8.
																	9.
																	10.
																	11.
																	12.
																	13.
																	14.
																	15.
																	16.
																	17.
																	18.
																	19.
																	20.
																	21.
																	22.
																	23.
																	24.
																	25.
																	26.
																	27.
																	28.
																	29.
																	30.
																	31.
																	32.
																	33.
																	34.
																	35.

Notenlisten

Klasse ....

	Name												
1.													
2.													
3.													
4.													
5.													
6.													
7.													
8.													
9.													
10.													
11.													
12.													
13.													
14.													
15.													
16.													
17.													
18.													
19.													
20.													
21.													
22.													
23.													
24.													
25.													
26.													
27.													
28.													
29.													
30.													
31.													
32.													
33.													
34.													
35.													

Notenlisten

																	1.
																	2.
																	3.
																	4.
																	5.
																	6.
																	7.
																	8.
																	9.
																	10.
																	11.
																	12.
																	13.
																	14.
																	15.
																	16.
																	17.
																	18.
																	19.
																	20.
																	21.
																	22.
																	23.
																	24.
																	25.
																	26.
																	27.
																	28.
																	29.
																	30.
																	31.
																	32.
																	33.
																	34.
																	35.

Notenlisten

Klasse ....

	Name												
1.													
2.													
3.													
4.													
5.													
6.													
7.													
8.													
9.													
10.													
11.													
12.													
13.													
14.													
15.													
16.													
17.													
18.													
19.													
20.													
21.													
22.													
23.													
24.													
25.													
26.													
27.													
28.													
29.													
30.													
31.													
32.													
33.													
34.													
35.													

Notenlisten

																	1.
																	2.
																	3.
																	4.
																	5.
																	6.
																	7.
																	8.
																	9.
																	10.
																	11.
																	12.
																	13.
																	14.
																	15.
																	16.
																	17.
																	18.
																	19.
																	20.
																	21.
																	22.
																	23.
																	24.
																	25.
																	26.
																	27.
																	28.
																	29.
																	30.
																	31.
																	32.
																	33.
																	34.
																	35.

Datum .... Uhrzeit ....

Name ....

Elterngespräche

Datum .... Uhrzeit ....

Name ....

Klassenliste

Klasse ....

	Name	Adresse	Telefonnummer/E-Mail
1.			
2.			
3.			
4.			
5.			
6.			
7.			
8.			
9.			
10.			
11.			
12.			
13.			
14.			
15.			
16.			
17.			
18.			
19.			
20.			
21.			
22.			
23.			
24.			
25.			
26.			
27.			
28.			
29.			
30.			
31.			
32.			
33.			
34.			
35.			

Sitzpläne

Klasse ....

Klasse ....

Klasse ....

	Name												
1.													
2.													
3.													
4.													
5.													
6.													
7.													
8.													
9.													
10.													
11.													
12.													
13.													
14.													
15.													
16.													
17.													
18.													
19.													
20.													
21.													
22.													
23.													
24.													
25.													
26.													
27.													
28.													
29.													
30.													
31.													
32.													
33.													
34.													
35.													

Notenlisten

																	1.
																	2.
																	3.
																	4.
																	5.
																	6.
																	7.
																	8.
																	9.
																	10.
																	11.
																	12.
																	13.
																	14.
																	15.
																	16.
																	17.
																	18.
																	19.
																	20.
																	21.
																	22.
																	23.
																	24.
																	25.
																	26.
																	27.
																	28.
																	29.
																	30.
																	31.
																	32.
																	33.
																	34.
																	35.

Notenlisten

Notenlisten

Klasse ....

	Name												
1.													
2.													
3.													
4.													
5.													
6.													
7.													
8.													
9.													
10.													
11.													
12.													
13.													
14.													
15.													
16.													
17.													
18.													
19.													
20.													
21.													
22.													
23.													
24.													
25.													
26.													
27.													
28.													
29.													
30.													
31.													
32.													
33.													
34.													
35.													

Notenlisten

																	1.
																	2.
																	3.
																	4.
																	5.
																	6.
																	7.
																	8.
																	9.
																	10.
																	11.
																	12.
																	13.
																	14.
																	15.
																	16.
																	17.
																	18.
																	19.
																	20.
																	21.
																	22.
																	23.
																	24.
																	25.
																	26.
																	27.
																	28.
																	29.
																	30.
																	31.
																	32.
																	33.
																	34.
																	35.

Notenlisten

Klasse ....

	Name												
1.													
2.													
3.													
4.													
5.													
6.													
7.													
8.													
9.													
10.													
11.													
12.													
13.													
14.													
15.													
16.													
17.													
18.													
19.													
20.													
21.													
22.													
23.													
24.													
25.													
26.													
27.													
28.													
29.													
30.													
31.													
32.													
33.													
34.													
35.													

Notenlisten

																	1.
																	2.
																	3.
																	4.
																	5.
																	6.
																	7.
																	8.
																	9.
																	10.
																	11.
																	12.
																	13.
																	14.
																	15.
																	16.
																	17.
																	18.
																	19.
																	20.
																	21.
																	22.
																	23.
																	24.
																	25.
																	26.
																	27.
																	28.
																	29.
																	30.
																	31.
																	32.
																	33.
																	34.
																	35.

Datum .... Uhrzeit ....

Name ....

Datum .... Uhrzeit ....

Name ....

Klassenübersicht

Klasse ....

	Name	Adresse	Telefonnummer/E-Mail
1.			
2.			
3.			
4.			
5.			
6.			
7.			
8.			
9.			
10.			
11.			
12.			
13.			
14.			
15.			
16.			
17.			
18.			
19.			
20.			
21.			
22.			
23.			
24.			
25.			
26.			
27.			
28.			
29.			
30.			
31.			
32.			
33.			
34.			
35.			

Sitzpläne

Klasse ....

Klasse ....

Notenlisten

Klasse ....

	Name												
1.													
2.													
3.													
4.													
5.													
6.													
7.													
8.													
9.													
10.													
11.													
12.													
13.													
14.													
15.													
16.													
17.													
18.													
19.													
20.													
21.													
22.													
23.													
24.													
25.													
26.													
27.													
28.													
29.													
30.													
31.													
32.													
33.													
34.													
35.													

Notenlisten

																		1.
																		2.
																		3.
																		4.
																		5.
																		6.
																		7.
																		8.
																		9.
																		10.
																		11.
																		12.
																		13.
																		14.
																		15.
																		16.
																		17.
																		18.
																		19.
																		20.
																		21.
																		22.
																		23.
																		24.
																		25.
																		26.
																		27.
																		28.
																		29.
																		30.
																		31.
																		32.
																		33.
																		34.
																		35.

Notenlisten

Klasse ....

	Name												
1.													
2.													
3.													
4.													
5.													
6.													
7.													
8.													
9.													
10.													
11.													
12.													
13.													
14.													
15.													
16.													
17.													
18.													
19.													
20.													
21.													
22.													
23.													
24.													
25.													
26.													
27.													
28.													
29.													
30.													
31.													
32.													
33.													
34.													
35.													

Notenlisten

																		1.
																		2.
																		3.
																		4.
																		5.
																		6.
																		7.
																		8.
																		9.
																		10.
																		11.
																		12.
																		13.
																		14.
																		15.
																		16.
																		17.
																		18.
																		19.
																		20.
																		21.
																		22.
																		23.
																		24.
																		25.
																		26.
																		27.
																		28.
																		29.
																		30.
																		31.
																		32.
																		33.
																		34.
																		35.

Notenlisten

Klasse ....

	Name												
1.													
2.													
3.													
4.													
5.													
6.													
7.													
8.													
9.													
10.													
11.													
12.													
13.													
14.													
15.													
16.													
17.													
18.													
19.													
20.													
21.													
22.													
23.													
24.													
25.													
26.													
27.													
28.													
29.													
30.													
31.													
32.													
33.													
34.													
35.													

Notenlisten

																		1.
																		2.
																		3.
																		4.
																		5.
																		6.
																		7.
																		8.
																		9.
																		10.
																		11.
																		12.
																		13.
																		14.
																		15.
																		16.
																		17.
																		18.
																		19.
																		20.
																		21.
																		22.
																		23.
																		24.
																		25.
																		26.
																		27.
																		28.
																		29.
																		30.
																		31.
																		32.
																		33.
																		34.
																		35.

Datum .... Uhrzeit ....

Name ....

Datum .... Uhrzeit ....

Name ....

Klassenliste

Klasse ....

	Name	Adresse	Telefonnummer/E-Mail
1.			
2.			
3.			
4.			
5.			
6.			
7.			
8.			
9.			
10.			
11.			
12.			
13.			
14.			
15.			
16.			
17.			
18.			
19.			
20.			
21.			
22.			
23.			
24.			
25.			
26.			
27.			
28.			
29.			
30.			
31.			
32.			
33.			
34.			
35.			

Sitzpläne

Klasse ....

Klasse ....

Notenlisten

Klasse ....

	Name													
1.														
2.														
3.														
4.														
5.														
6.														
7.														
8.														
9.														
10.														
11.														
12.														
13.														
14.														
15.														
16.														
17.														
18.														
19.														
20.														
21.														
22.														
23.														
24.														
25.														
26.														
27.														
28.														
29.														
30.														
31.														
32.														
33.														
34.														
35.														

Notenlisten

																	1.
																	2.
																	3.
																	4.
																	5.
																	6.
																	7.
																	8.
																	9.
																	10.
																	11.
																	12.
																	13.
																	14.
																	15.
																	16.
																	17.
																	18.
																	19.
																	20.
																	21.
																	22.
																	23.
																	24.
																	25.
																	26.
																	27.
																	28.
																	29.
																	30.
																	31.
																	32.
																	33.
																	34.
																	35.

Notenlisten

Klasse ....

	Name												
1.													
2.													
3.													
4.													
5.													
6.													
7.													
8.													
9.													
10.													
11.													
12.													
13.													
14.													
15.													
16.													
17.													
18.													
19.													
20.													
21.													
22.													
23.													
24.													
25.													
26.													
27.													
28.													
29.													
30.													
31.													
32.													
33.													
34.													
35.													

Notenlisten

																	1.
																	2.
																	3.
																	4.
																	5.
																	6.
																	7.
																	8.
																	9.
																	10.
																	11.
																	12.
																	13.
																	14.
																	15.
																	16.
																	17.
																	18.
																	19.
																	20.
																	21.
																	22.
																	23.
																	24.
																	25.
																	26.
																	27.
																	28.
																	29.
																	30.
																	31.
																	32.
																	33.
																	34.
																	35.

Notenlisten

Klasse ....

	Name												
1.													
2.													
3.													
4.													
5.													
6.													
7.													
8.													
9.													
10.													
11.													
12.													
13.													
14.													
15.													
16.													
17.													
18.													
19.													
20.													
21.													
22.													
23.													
24.													
25.													
26.													
27.													
28.													
29.													
30.													
31.													
32.													
33.													
34.													
35.													

Notenlisten

																		1.
																		2.
																		3.
																		4.
																		5.
																		6.
																		7.
																		8.
																		9.
																		10.
																		11.
																		12.
																		13.
																		14.
																		15.
																		16.
																		17.
																		18.
																		19.
																		20.
																		21.
																		22.
																		23.
																		24.
																		25.
																		26.
																		27.
																		28.
																		29.
																		30.
																		31.
																		32.
																		33.
																		34.
																		35.

Datum .... Uhrzeit ....

Name ....

Elterngespräche

Datum .... Uhrzeit ....

Name ....

Ansprechpartner

Lehrer .... Funktion ....

Adresse ....

Notizen ....

....

....

Lehrer .... Funktion ....

Adresse ....

Notizen ....

....

....

Lehrer .... Funktion ....

Adresse ....

Notizen ....

....

....

Lehrer .... Funktion ....

Adresse ....

Notizen ....

....

....

Lehrer .... Funktion ....

Adresse ....

Notizen ....

....

....

Lehrer .... Funktion ....

Adresse ....

Notizen ....

....

....

Ausgeliehenes Material

Name	Material	Datum	Abgabe	Erledigt
				○
				○
				○
				○
				○
				○
				○
				○
				○
				○

Notizen

Referendarsgedanken 1
Tage des Zorns:

Notizen

Notizen

Notizen

Notizen

Notizen

Referendarsgedanken 2
Tage der Demut:

Notizen

Notizen

Notizen

Notizen

Notizen

Notizen

Referendarsgedanken 3
Tage der Erschöpfung:

Notizen

Notizen

Notizen

Notizen

Notizen

Notizen

Referendarsgedanken 4
Tage der Freude:

Stundenpläne

Stunde		Montag	Dienstag	Mittwoch	Donnerstag	Freitag	Samstag
1	Fach:						
Beginn:	Klasse:						
	Raum:						
2	Fach:						
Beginn:	Klasse:						
	Raum:						
Pause							
3	Fach:						
Beginn:	Klasse:						
	Raum:						
4	Fach:						
Beginn:	Klasse:						
	Raum:						
Pause							
5	Fach:						
Beginn:	Klasse:						
	Raum:						
6	Fach:						
Beginn:	Klasse:						
	Raum:						
Pause							
7	Fach:						
Beginn:	Klasse:						
	Raum:						
8	Fach:						
Beginn:	Klasse:						
	Raum:						
9	Fach:						
Beginn:	Klasse:						
	Raum:						
10	Fach:						
Beginn:	Klasse:						
	Raum:						

Anmerkungen:

Stundenpläne

Stunde		Montag	Dienstag	Mittwoch	Donnerstag	Freitag	Samstag
1	Fach:						
Beginn:	Klasse:						
	Raum:						
2	Fach:						
Beginn:	Klasse:						
	Raum:						
Pause							
3	Fach:						
Beginn:	Klasse:						
	Raum:						
4	Fach:						
Beginn:	Klasse:						
	Raum:						
Pause							
5	Fach:						
Beginn:	Klasse:						
	Raum:						
6	Fach:						
Beginn:	Klasse:						
	Raum:						
Pause							
7	Fach:						
Beginn:	Klasse:						
	Raum:						
8	Fach:						
Beginn:	Klasse:						
	Raum:						
9	Fach:						
Beginn:	Klasse:						
	Raum:						
10	Fach:						
Beginn:	Klasse:						
	Raum:						

Anmerkungen:

Stundenpläne

Stunde		Montag	Dienstag	Mittwoch	Donnerstag	Freitag	Samstag
1	Fach:						
Beginn:	Klasse:						
	Raum:						
2	Fach:						
Beginn:	Klasse:						
	Raum:						
Pause							
3	Fach:						
Beginn:	Klasse:						
	Raum:						
4	Fach:						
Beginn:	Klasse:						
	Raum:						
Pause							
5	Fach:						
Beginn:	Klasse:						
	Raum:						
6	Fach:						
Beginn:	Klasse:						
	Raum:						
Pause							
7	Fach:						
Beginn:	Klasse:						
	Raum:						
8	Fach:						
Beginn:	Klasse:						
	Raum:						
9	Fach:						
Beginn:	Klasse:						
	Raum:						
10	Fach:						
Beginn:	Klasse:						
	Raum:						

Anmerkungen:

Stundenpläne

Stunde		Montag	Dienstag	Mittwoch	Donnerstag	Freitag	Samstag
1	Fach:						
Beginn:	Klasse:						
	Raum:						
2	Fach:						
Beginn:	Klasse:						
	Raum:						
Pause							
3	Fach:						
Beginn:	Klasse:						
	Raum:						
4	Fach:						
Beginn:	Klasse:						
	Raum:						
Pause							
5	Fach:						
Beginn:	Klasse:						
	Raum:						
6	Fach:						
Beginn:	Klasse:						
	Raum:						
Pause							
7	Fach:						
Beginn:	Klasse:						
	Raum:						
8	Fach:						
Beginn:	Klasse:						
	Raum:						
9	Fach:						
Beginn:	Klasse:						
	Raum:						
10	Fach:						
Beginn:	Klasse:						
	Raum:						

Anmerkungen:

Gedanken

„Das Referendariat ist …"

„Unterricht ist …"

„Ich freue mich auf …"

„Mein schönster Tag …"

„Was mir fehlt …"

„Was ich nach dem Ende des Referendariats tun werde …"

„Worüber ich mich jetzt freuen würde …